こども学問《がくもん》のすすめ

勉強《べんきょう》する意味《いみ》がわかる!

齋藤 孝

筑摩書房

はじめに

『学問《がくもん》のすすめ』は、福澤諭吉先生《ふくざわゆきちせんせい》という人《ひと》が書《か》きました。いまから一〇〇年以上《ねんいじょう》も前《まえ》の明治時代《めいじじだい》に書《か》かれたんだよ。

そんなに時間《じかん》がたっているのに、書《か》かれている内容《ないよう》は少《すこ》しも古《ふる》くなっていないんだ。それは諭吉先生《ゆきちせんせい》が、人間《にんげん》にとって本当《ほんとう》にだいじなことをいっていたからなんだね。

「学《まな》ぶって大切《たいせつ》なことなんだ」とか「人《ひと》はみんな平等《びょうどう》だよ」とか「いいたいことはちゃんといおう」とか、いまの時代《じだい》に役立《やくだ》つことがたくさん書《か》かれています。

この本《ほん》が出《だ》されたとき、日本中《にほんじゅう》で知《し》らない人《ひと》がいないくらい大《だい》ベストセラーになりました。そしていまでも売《う》れつづけているんだ。いったいどれくらいの人《ひと》が読《よ》んだんだろう。想像《そうぞう》できないくらいだね。

この本《ほん》を読《よ》んで、がんばって勉強《べんきょう》しようと思《おも》った人《ひと》がたくさんいました。だから日本《にほん》はこんなにゆたかで明《あか》るい国《くに》になったんだね。

この本《ほん》を読《よ》むと、勇気《ゆうき》が出《で》てきます。諭吉先生《ゆきちせんせい》自身《じしん》も勇気《ゆうき》をもって日本《にほん》をかえた人《ひと》です。

もし先生《せんせい》が生《い》きていたら、きっとみんなを子《こ》どもあつかいしないで、ちゃんとお話《はな》ししてくれたと思《おも》うよ。

とても明《あか》るくて、ものごとをはっきりいうし、バランスがとれた人《ひと》で、みんながお手本《てほん》にするには最高《さいこう》の人《ひと》です。

だから諭吉先生《ゆきちせんせい》のことばを大切《たいせつ》にして、みんなも世《よ》の中《なか》の役《やく》に立《た》つ人《ひと》になってくださいね。

齋藤《さいとう》　孝《たかし》

目次《もくじ》

第《だい》2章《しょう》

勉強《べんきょう》は何《なん》のためにするんだろう

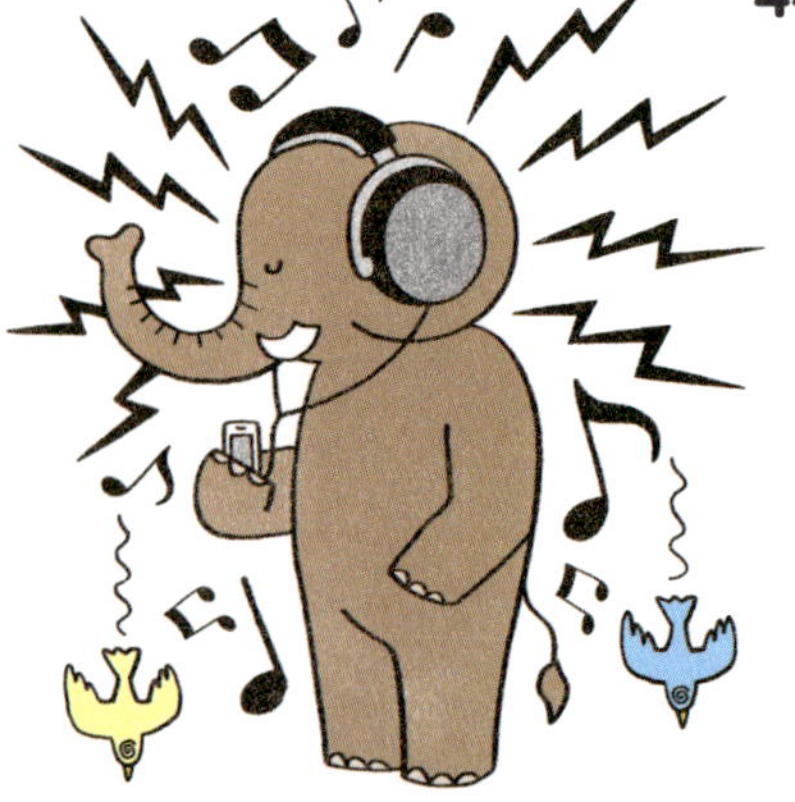

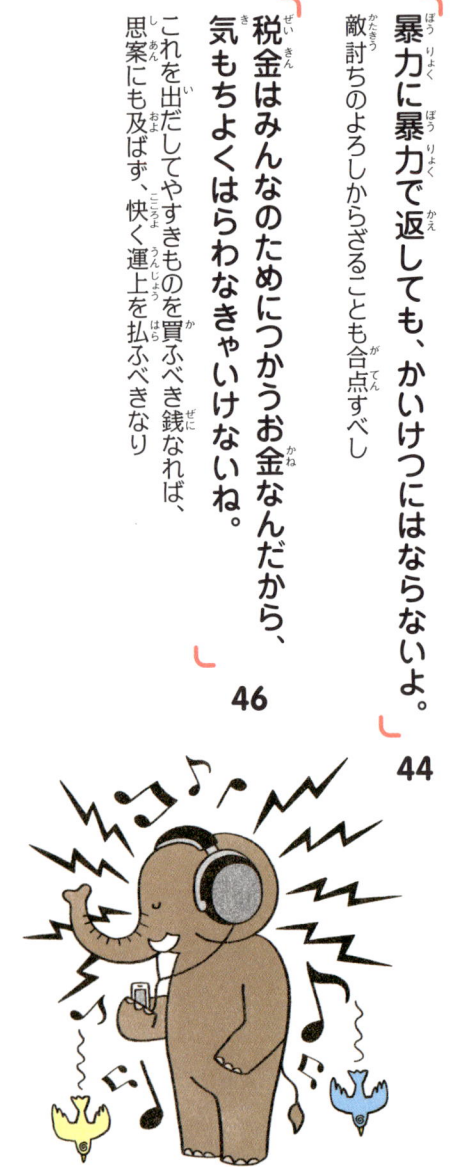

第《だい》4章《しょう》 いろんな人《ひと》とつきあおう

注　この本《ほん》で紹介《しょうかい》している文章《ぶんしょう》は、『学問《がくもん》のすゝめ』（伊藤正雄《いとうまさお》校注《こうちゅう》・講談社学術文庫《こうだんしゃがくじゅつぶんこ》）を参照《さんしょう》しています。

第《だい》 1 章《しょう》

人《ひと》と人《ひと》は みんな同《おな》じなんだ

生《う》まれたところや親《おや》や性別《せいべつ》がちがっても、人《ひと》はみんな同《おな》じなんだよ。同《おな》じなんだから、がんばればどんな人《ひと》にもチャンスはあるよ。

この章《しょう》には、勇気《ゆうき》がわいてくる諭吉《ゆきち》先《せん》生《せい》のことばがたくさんならんでいるよ。

生《う》まれつき
差《さ》があるから、
しかたない
のかなあ……

「人《ひと》はみんな、
生《う》まれたときから
おんなじなんだよ。」

「天《てん》は人《ひと》の上《うえ》に人《ひと》を造《つく》らず、人《ひと》の下《した》に人《ひと》を造《つく》らず」といへり（初編《しょへん》）

人《ひと》に差《さ》なんて、全然《ぜんぜん》ないんだよ

昔《むかし》は生《う》まれつき身分《みぶん》がきまっていて、お殿《との》さまやおさむらいさんがいちばんえらかったんです。そういう家《いえ》に生《う》まれたら、いばっていられたんだけど、ほとんどの人《ひと》は身分《みぶん》が下《した》で、一生《いっしょう》そのままで、がまんしないといけなかったんだよ。

でも福澤諭吉先生《ふくざわゆきちせんせい》は、生《う》まれつきの身分《みぶん》で人《ひと》を差別《さべつ》してはいけない、ときっぱりいったんです。

諭吉先生《ゆきちせんせい》がいた時代《じだい》から明治時代《めいじじだい》にかけては、外国《がいこく》の考《かんが》え方《かた》がどんどん入《はい》ってきたんだね。先生《せんせい》はたくさん勉強《べんきょう》して、「人《ひと》はみんな平等《びょうどう》なんだ」とわかったんだ。

だから「これからの世《よ》の中《なか》みんないっしょです。あとはやる気《き》しだいだよ！」と宣言《せんげん》したんです。先生《せんせい》がそういうことをいってくれたので、みんなが勇気《ゆうき》づけられたんだね。

いま、みんなはなりたいものに、なんでもなれるチャンスがあります。それはみんなが平等《びょうどう》だからなんです。そういう時代《じだい》をつくってくれた先生《せんせい》に感謝《かんしゃ》しようね。

見《み》た目《め》はみんなちがうよね？

「見《み》た目《め》はちがっても、その人《ひと》の大切《たいせつ》さは同《おな》じなんだよ。」

人《ひと》と人《ひと》との釣《つ》り合《あ》ひを問《と》へば、これを同等《どうとう》といはざるを得《え》ず。ただしその同等《どうとう》とは、有様《ありさま》の等《ひと》しきをいふにあらず、権理通義《けんりつうぎ》の等《ひと》しきをいふなり（第《だい》二編《へん》）

みんながその人《ひと》らしく生《い》きていいんだよ

人《ひと》はみんなおんなじだといったけど、じっさいにはお金《かね》もちの家《いえ》の子《こ》もいるし、まずしい家《いえ》の子《こ》もいるよね。大人《おとな》でも、社長《しゃちょう》もいれば、仕事《しごと》のない人《ひと》もいる。

同《おな》じじゃないじゃん、と思《おも》うかもしれないけど、人《ひと》としての大切《たいせつ》さという意味《いみ》ではみんな同《おな》じなんです。

まずしい家《いえ》に生《う》まれたからといって、その子《こ》を大切《たいせつ》にしなくていいってことはないよね。勉強《べんきょう》が苦手《にがて》だからといって、その子《こ》に学校《がっこう》にくるな、なんていえないよね。どんな人《ひと》もみな同《おな》じように大切《たいせつ》にされて、その人《ひと》らしく生《い》きていいんです。それを諭吉先生《ゆきちせんせい》は「権利《けんり》」といいました。

大切《たいせつ》にされる「権利《けんり》」はみんながもっています。それは「日《に》本国憲法《ほんこくけんぽう》」という日本《にほん》のきまりにもちゃんと書《か》いてあるんだよ。だからみんなも自分《じぶん》の「権《けん》利《り》」と人《ひと》の「権利《けんり》」を両方《りょうほう》ともまもって、安心《あんしん》してくらせるように、この国《くに》をつくっていかないといけないよね。

女《おんな》の子《こ》はパイロットになれないの？

「男《おとこ》の子《こ》も女《おんな》の子《こ》も
同《おな》じ人間《にんげん》に
かわりはないよ。
差別《さべつ》するのは
おかしいんだ。」

男《おとこ》も人《ひと》なり、女《おんな》も人《ひと》なり（第《だい》八編《へん》）

男《おとこ》だから、女《おんな》だからっていうほうがへんだよね

江戸時代《えどじだい》は、女《おんな》の人《ひと》が男《おとこ》の人《ひと》の下《した》に置《お》かれていました。「女《おんな》の人《ひと》は男《おとこ》の人《ひと》のいうことを聞《き》きなさい」ときびしくいわれていたんだって。それをひっくり返《かえ》したのが、諭吉先生《ゆきちせんせい》なんだよ。

先生《せんせい》は「男《おとこ》の人《ひと》と女《おんな》の人《ひと》をひっくり返《かえ》して考《かんが》えてみよう」といいました。そして「男《おとこ》の人《ひと》は女《おんな》の人《ひと》のいうことをぜったい聞《き》かないと罰《ばっ》せられます、といわれたらどう思《おも》う？」と聞《き》いたんです。こんなふうに「ひっくり返《かえ》して考《かんが》えてみる」のは、とてもいいやり方《かた》だよ。

いまの世《よ》の中《なか》は、男《おとこ》の人《ひと》も女《おんな》の人《ひと》もみな同《おな》じ、つまり「男《だん》女平等《じょびょうどう》」があたりまえになっているんだけど、いろいろなところでまだ差別《さべつ》がのこっているんだ。みんなも「女《おんな》だから算《さん》数《すう》は苦手《にがて》」とか、「男《おとこ》のくせに泣《な》き虫《むし》」とかいわれたら、それはまちがっていると思《おも》おうね。

男《おとこ》の子《こ》と女《おんな》の子《こ》はからだのつくりはちがうけれど、人《ひと》としての能力《のうりょく》や大切《たいせつ》さにちがいはありません。男《おとこ》の子《こ》も女《おんな》の子《こ》も自《じ》信《しん》をもって生《い》きていいんだよ。

私《わたし》が
オスかメスか、
わかりますか？

発表《はっぴょう》するのが苦手《にがて》なんです

「いいたいことがあったら、きちんと意見《いけん》をいうのがだいじだよ。」

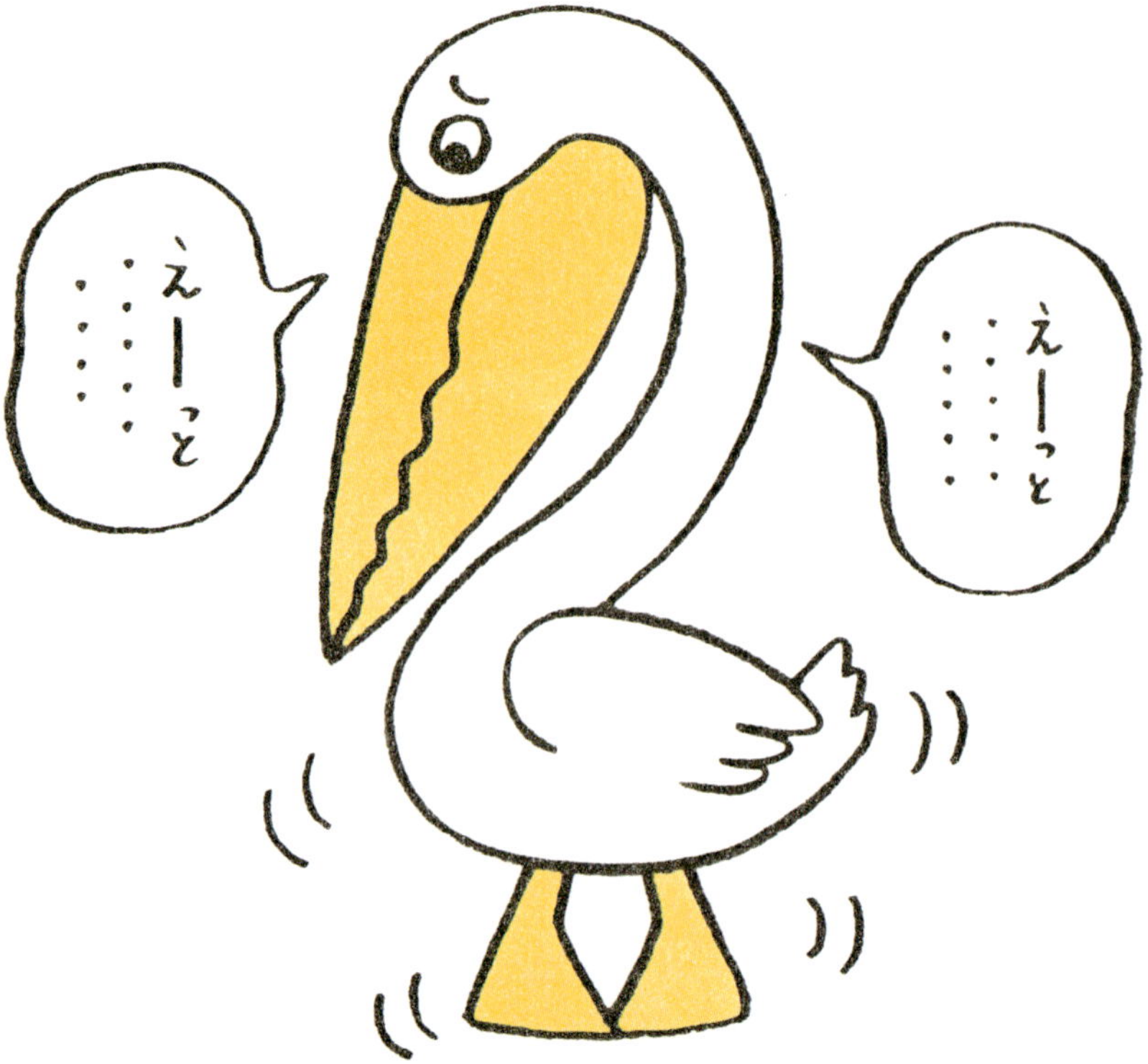

遠慮《えんりょ》なく議論《ぎろん》すべし（初編《しょへん》）

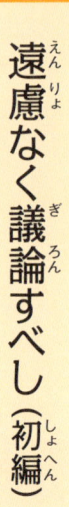

もじもじして、いわないほうがはずかしいよ

諭吉先生《ゆきちせんせい》がいた時代《じだい》は、えらい人《ひと》に意見《いけん》をいっちゃいけなかったんだ。でもいまは上《うえ》の人《ひと》にだってちゃんと意見《いけん》がいえる世《よ》の中《なか》なんだよ。これを「民主主義《みんしゅしゅぎ》」といいます。せっかくそういう世《よ》の中《なか》になったんだから、自分《じぶん》がいいたいことは堂々《どうどう》といおうね。「何《なに》か意見《いけん》は？」と聞《き》かれたときに、もじもじしていえないのがいちばんはずかしいです。

諭吉先生《ゆきちせんせい》は、人前《ひとまえ》でもちゃんと意見《いけん》がいえるよう、みんなに練習《れんしゅう》をさせました。練習《れんしゅう》するとすごくうまくなるんだ。みんなもおとうさんやおかあさんの前《まえ》で練習《れんしゅう》してみよう。

ポイントは、「これをいおう」ということをひとつ、または三つきめておくこと。なれないうちは、紙《かみ》に書《か》いておいてもいいね。話《はなし》がまとまらなくなったら、「じゃあ、最後《さいご》にひと言《こと》」といって、そのポイントをいえば、ちゃんとした意見《いけん》に聞《き》こえます。そうやってお互《たが》いに意見《いけん》をいいあうことが、みんなのレベルをあげていくためにだいじなんだよ。

夜《よる》の森《もり》で、いいたいことをいってます

自分《じぶん》のことを一人《ひとり》でするのは、なぜだいじなの？

「自分《じぶん》のことが
一人《ひとり》でできない
人《ひと》は、
人《ひと》に頼《たよ》ってばかりに
なるんだね。」

独立《どくりつ》の気力《きりょく》なき者《もの》は、必《かなら》ず人《ひと》に
依頼《いらい》す（第《だい》三編《へん》）

国《くに》も人《ひと》も、自分《じぶん》のことは自分《じぶん》でやるのが基本《きほん》だよ

ちゃんと自分《じぶん》のことは自分《じぶん》でやろう、という気《き》もちのない人《ひと》は、すぐ人《ひと》を頼《たよ》っちゃうんだ。いつもだれかのことを頼《たよ》っていると、「あの人《ひと》がいないと自分《じぶん》はダメだな」と思《おも》うので、その人《ひと》がいなくなったらどうしようと、こわくなっちゃうんだね。

そしてその人《ひと》がいなくならないよう、ごきげんをとるようになります。つまりその人のいいなりになっちゃうんだね。

それはおかあさんやおとうさんにしても同《おな》じで、みんなはいまは親《おや》を頼《たよ》っていてもいいけど、いつかは親《おや》の元《もと》をはなれて、自分《じぶん》で考《かんが》え、自分《じぶん》で行動《こうどう》するようになるんだよ。それを「独立《どくりつ》」というんだ。いまのうちから、自分《じぶん》はだんだん独立《どくりつ》して、一人《ひとり》でやっていくんだ、というふうに思《おも》っていることがだいじです。

国《くに》も独立《どくりつ》していないとダメなんだね。どこかの大《おお》きい国《くに》を頼《たよ》ってばかりいると、その国《くに》のいいなりになって、家来《けらい》になってしまいます。国《くに》が独立《どくりつ》するためには、国民《こくみん》もみんな独立《どくりつ》する気《き》もちをもっていることがだいじなんだね。

何《なん》でも自分《じぶん》で
やるほうが、
かっこいいです

自分《じぶん》で考《かんが》えるってどういうこと？

万巻《ばんかん》の書《しょ》を読《よ》み、天下《てんか》の人《ひと》に交《まじ》わり、なお一己《いっこ》の定見《ていけん》なき者《もの》あり（第《だい》一二編《へん》）

「本《ほん》を読《よ》んで、人《ひと》と話《はな》して、自分《じぶん》でやってみて、自分《じぶん》の意見《いけん》をもとう！」

知《し》っていることを自分《じぶん》でためして、考《かんが》えてみよう

諭吉先生《ゆきちせんせい》は若《わか》いころ、アメリカに行《い》って、これからは自分《じぶん》の意見《いけん》をもつことがすごくだいじだとわかったんです。「いくら本《ほん》を読《よ》んだり、たくさんの人《ひと》となかよくなったりしても、自分《じぶん》の意見《いけん》がないようではダメです」といっています。

自分《じぶん》の意見《いけん》がないと、見《み》たり聞《き》いたりしたことにすぐ影響《えいきょう》されてしまいます。この人がいいというと、「これがいい」と思《おも》い、あっちの人《ひと》がいいというと、「やっぱりあっちがいいかな」とコロコロ考《かんが》えがかわります。そういう人《ひと》は信用《しんよう》されないよね。

だから本《ほん》をたくさん読《よ》んだり、人《ひと》となかよくなって話《はなし》をするのはいいんだけど、そこで満足《まんぞく》しないで、聞《き》いたこと、知《し》ったことをじっさいに自分《じぶん》でやってみたり、考《かんが》えたりして、自分《じぶん》の意見《いけん》をもつことがとてもだいじなんだ。

「それ、知《し》ってる」っていうだけだと、ただのもの知《し》りだよ。そうじゃなくて、「やってみたらこうだった」「自《じ》分《ぶん》はこう思《おも》う」といえるようになると、人《ひと》から信《しん》用《よう》されるよね。

福澤《ふくざわ》諭《ゆ》吉《きち》先《せん》生《せい》ってどんな人《ひと》なの？

福澤諭吉先生《ふくざわゆきちせんせい》は江戸時代《えどじだい》のおわりから明治時代《めいじじだい》にかけてかつやくした人《ひと》です。生《う》まれたのは大分県《おおいたけん》の中津市《なかつし》というところ。代々《だいだい》続《つづ》くおさむらいさんの家《いえ》の次男坊《じなんぼう》としてそだったんだね。

諭吉先生《ゆきちせんせい》は早《はや》くからオランダ語《ご》や英語《えいご》を勉強《べんきょう》していました。だから江戸幕府《えどばくふ》がアメリカに使節団《しせつだん》（お使いの人《ひと》たち）をおくるとき、その中《なか》に入《い》れてもらうことができたんです。

そのころ日本《にほん》は長《なが》く鎖国《さこく》（外国《がいこく》とおつきあいをしないこと）をしていました。だからアメリカに行《い》った諭吉先生《ゆきちせんせい》はびっくりしたんだね。文明《ぶんめい》が進《すす》んでいることももちろんだったけど、人《ひと》がみな平等《びょうどう》で自由《じゆう》に発言《はつげん》していること、やる気《き》さえあればどんな人《ひと》にもチャンスがあると知《し》ったからです。これからの日本《にほん》もそうならなければならないと思《おも》った諭吉先生《ゆきちせんせい》は日本《にほん》にもどったあと、学校《がっこう》をつくったり、本《ほん》を出《だ》したりして、日本《にほん》に大《おお》きな影響《えいきょう》をあたえます。

第《だい》2章《しょう》

勉強《べんきょう》は何《なん》のためにするんだろう

勉強《べんきょう》すれば、いろんな夢《ゆめ》がかなえられるよ。それに世《よ》の中《なか》の役《やく》に立《た》つ人《ひと》になれるんだ。人《ひと》の役《やく》に立《た》てるってすてきだね。この章《しょう》では、なぜ勉強《べんきょう》するのか、どうやって勉強《べんきょう》するのか、勉強《べんきょう》についていろいろ学《まな》べるよ。

宿題《しゅくだい》はあるけど、ゲームがしたい！

「人《ひと》学《まな》ばざれば智《ち》なし、智《ち》なき者《もの》は愚人《ぐじん》なり」とあり。されば賢人《けんじん》と愚人《ぐじん》との別《べつ》は、学《まな》ぶと学《まな》ばざるとによりて出来《でき》るものなり（初編《しょへん》）

「りこうな人《ひと》とそうでない人《ひと》の差《さ》は、勉強《べんきょう》するか、しないかなんだ。」

いまは成績《せいせき》が悪《わる》くても、勉強《べんきょう》すればだいじょうぶ！

かしこい人《ひと》とそうでない人《ひと》は、もともときまっているんじゃなくて、勉強《べんきょう》したかどうかできまるんだよ。よく「自分《じぶん》は頭《あたま》がよくないから」っていう人《ひと》がいるんだけど、頭《あたま》がよくないんじゃなくて、本当《ほんとう》は勉強《べんきょう》していないだけなんです。だから自分《じぶん》の頭《あたま》のせいにしないで、「勉強《べんきょう》したら必《かなら》ずできるようになる」って信《しん》じてやることがだいじです。

だってひとつ何《なに》かを覚《おぼ》えれば、それだけりこうになるよね。さかあがりを練習《れんしゅう》すれば、ちゃんとできるようになるし、笛《ふえ》の練習《れんしゅう》をすれば、ふけるようになる。

勉強《べんきょう》すればしただけ、その分《ぶん》かしこくなるんです。

そしてかしこくなった人《ひと》は世《よ》の中《なか》に出《で》て、えらくなって、ゆたかになります。でも勉強《べんきょう》しないでおろかなままだと、いい仕事《しごと》につけません。お金《かね》もあまり入《はい》ってきません。生《う》まれつき、かしこい人《ひと》、えらい人《ひと》がいるんじゃなくて、勉強《べんきょう》したかどうかで差《さ》がつくんだね。だからみんなも、まずは学《まな》ばなきゃいけない。

それが「学問《がくもん》のすすめ」ということです。

やれば
できるんです！
たぶん

どんな勉《べん》強《きょう》がだいじなの？

「いっしょうけんめいやるべきなのは、ふつうの生《せい》活《かつ》に役《やく》立《だ》つ勉《べん》強《きょう》なんだ。」

もっぱら勤《つと》むべきは、人《にん》間《げん》普《ふ》通《つう》日《にち》用《よう》に近《ちか》き実《じつ》学《がく》なり（初《しょ》編《へん》）

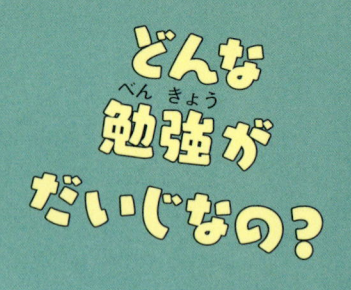

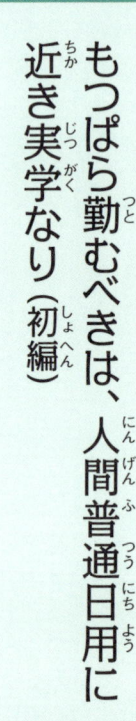

世《よ》の中《なか》の役《やく》に立《た》つことを勉強《べんきょう》しようね

学問《がくもん》にはいろいろな種類《しゅるい》があります。人《ひと》にはわからないむずかしいことをやるのが学問《がくもん》だっていっている人《ひと》もいます。だけど諭吉先生《ゆきちせんせい》は、世《よ》の中《なか》の役《やく》に立《た》つことを勉強《べんきょう》しようといっています。そういう学問《がくもん》のことを、「実学《じつがく》」っていうんだよ。たとえば科学《かがく》がそうだね。いろんな発見《はっけん》をして、世《よ》の中《なか》をくらしやすくするのが科学《かがく》なんだ。蒸気機関《じょうききかん》はこうやって動《うご》くんだとか、飛行機《ひこうき》はこうやって飛《と》ぶんだとか。みんながつかっている携帯電話《けいたいでんわ》もそうだよね。そういうものをひとつ発明《はつめい》するだけでも、毎日《まいにち》のくらしがかわっていくんです。

それから昔《むかし》のことを調《しら》べて、いまの世《よ》の中《なか》の参考《さんこう》にする歴史学《れきしがく》とか、お金《かね》のことを研究《けんきゅう》する経済学《けいざいがく》とか、たくさんの役《やく》に立《た》つ学問《がくもん》があります。もっというと、ご飯《はん》をつくったり、そうじをしたりするのも、生活《せいかつ》に役立《やくだ》つことだから、広《ひろ》い意味《いみ》での学問《がくもん》なんだよ。みんなもいっしょうけんめい勉強《べんきょう》して、人《ひと》の役《やく》に立《た》てるようがんばろうね。

ネズミをとるのも、勉強《べんきょう》です

いまより勉強《べんきょう》ができるようになるには、どうするの？

三、五年《ねん》の艱苦《かんく》を忍《しの》び、真《しん》に実学《じつがく》を勉強《べんきょう》して後《のち》に事《こと》に就《つ》かしめなば、大《おお》いに成《な》すこともあらんと思《おも》ふのみ（第《だい》一〇編《へん》）

「三年《ねん》とか五年《ねん》
ひとつのことを
勉強《べんきょう》すれば
プロになって
成功《せいこう》できるよ。」

「石《いし》の上《うえ》にも三年《ねん》」ということばがあるよ

勉強《べんきょう》っていうのは、ちょっとやればできるようなものではないんだよ。「石《いし》の上《うえ》にも三年《ねん》」ということばがありますが、ひとつのことをマスターするのに、三年《ねん》から五年《ねん》はかかるんだ。

たとえばお医者《いしゃ》さんになろうと思《おも》ったら、少《すく》なくとも六年《ねん》は大学《だいがく》に行《い》かないといけないし、学校《がっこう》の先生《せんせい》も、大学《だいがく》で四年《ねん》間《かん》の勉強《べんきょう》をしなきゃなれないんだ。

サッカーやお習字《しゅうじ》だってそうだよね。少《すこ》し習《なら》えばうまくなるけど、「三年《ねん》ずっとやってました」とか、「五年続《ねんつづ》けてました」という人《ひと》にはかなわないよね。

だからみんなも何《なに》かひとつ、続《つづ》けて勉強《べんきょう》してみよう。最《さい》初《しょ》はそれほどすきじゃなくても、大人《おとな》になってから「やっておいてよかった！」とみんないいます。

なぜかというと、大人《おとな》になってからやると、一〇年《ねん》やってもうまくならないんです。でも子《こ》どものうちにやっておくと、身《み》につくのが早《はや》いんですね。

だからみんなも三年《ねん》から五年《ねん》、がんばってみてね。

ほどほどで いいんじゃない？

「勉強《べんきょう》するなら
とことんやろうよ。
農業《のうぎょう》なら大農民《だいのうみん》に、
商売《しょうばい》するなら大商人《だいしょうにん》だ！」

学問《がくもん》に入《い》らば大《おお》いに学問《がくもん》すべし。
農《のう》たらば大農《だいのう》となれ、商《しょう》たらば
大商《だいしょう》となれ（第《だい》一〇編《へん》）

夢《ゆめ》は大《おお》きいほどいいんだよ

「なんでもでっかくやれ！」と諭吉先生《ゆきちせんせい》はいっています。「少《しょう》年《ねん》よ、大志《たいし》を抱《いだ》け～Boys, be ambitious《ボーイズ ビー アンビシャス》」と札幌農学校《さっぽろのうがっこう》のクラーク先生《せんせい》もいっているんだ。

学問《がくもん》をするなら、おおいにやりなさい。農業《のうぎょう》をやるんなら、大《おお》きな農家《のうか》になりなさい。商売《しょうばい》をやるなら、でっかくやってお金《かね》もうけをしなさい、ということなんだね。もうけたお金《かね》を変《へん》なことにつかっちゃダメだけど、ちゃんと世《よ》の中《なか》のためになるなら、おっきくね、と先生《せんせい》はいっているんだ。

いまはちっちゃい夢《ゆめ》でいいや、と思《おも》う人《ひと》がふえているけど、大《おお》きい夢《ゆめ》をもったほうがいいよね。

「世界《せかい》一の選手《せんしゅ》になる」とか「世界《せかい》一のピアニストになる」と紙《かみ》に書《か》いてはっておこう。世界《せかい》一をめざしていると、日本《にほん》一になるのはかんたんに思《おも》えるよね。

小《ちい》さい目標《もくひょう》だと、そこでおわっちゃうから、できるだけ大《おお》きい夢《ゆめ》を書《か》いて、見《み》えるところにどーんとはっておこうね。

世界《せかい》一
いけてる
ふくろうを
めざします

夢《ゆめ》にちかづくにはどうしたらいいの？

「すごいな」と思《おも》う人《ひと》と自《じ》分《ぶん》をくらべてみよう。

The strongest hero
カッコイイなーー!!

事《じ》物《ぶつ》のありさまを比《ひ》較《かく》して上流《じょうりゅう》に向《む》かひ、自《みずか》ら満《まん》足《ぞく》することなきの一事《いちじ》にあり（第《だい》二編《へん》）

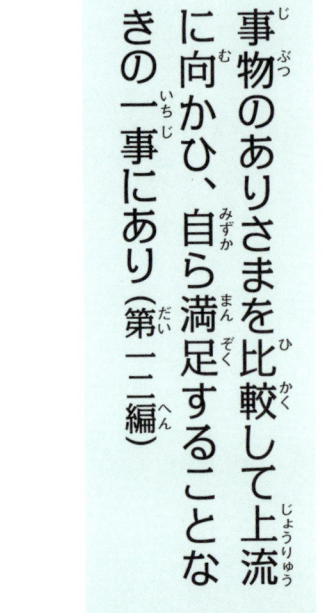

「あんなふうになりたい」と思《おも》うと、成長《せいちょう》できるよ

みんなも大《おお》きくなったら、こうなりたいって夢《ゆめ》があるよね。夢《ゆめ》をかなえるためには、目標《もくひょう》をたてるといいんだよ。たとえばこんな学校《がっこう》に入《はい》ろうとか、入《はい》ってこんなことを勉強《べんきょう》しようとか。

そのとき大切《たいせつ》なのは、いつも上《うえ》をめざすことなんだ。「このくらいでいいや」と思《おも》っちゃうと、もうそこでとまっちゃうので、学校《がっこう》もいちばんいいところをめざそう。いい学校《がっこう》にはいい先生《せんせい》やいい生徒《せいと》もあつまっているから、きっといい影響《えいきょう》を受《う》けられるよね。

それから、いろんな人《ひと》にあうことも大切《たいせつ》だよ。とくにおじいちゃんやおばあちゃんはものすごくたくさん経験《けいけん》しているんだ。昔《むかし》のことを直接《ちょくせつ》聞いてみるとためになるよね。

友《とも》だちをたくさんつくるのもおすすめだよ。がんばっている友《とも》だちを見《み》たら、自分《じぶん》もがんばろうという気《き》もちになるよね。自分《じぶん》よりだらだらしている人《ひと》を見《み》て安心《あんしん》するんじゃなくて、自分《じぶん》よりすごい人《ひと》を見《み》て、「あんなふうになろう」と自分《じぶん》をはげまそうね。そうすれば、いまよりぜったい成長《せいちょう》できて、夢《ゆめ》にちかづけるよ。

タカやワシとも
友《とも》だちに
なりたいです

いろんなことに、すぐだまされちゃうんだけど

信《しん》じていることが
うそだったり、
うそだと思《おも》ったことが
本当《ほんとう》だったりするから、
自分《じぶん》でちゃんと
判断《はんだん》することがだいじだね。

信《しん》の世界《せかい》に偽詐《ぎさ》多《おお》く、疑《うたが》ひの世界《せかい》に
真理《しんり》多《おお》し（第《だい》一五編《へん》）

まずはうたがってみることが大切《たいせつ》だよ

世《よ》の中《なか》には本当《ほんとう》のことに思《おも》えても、ちょっとあやしいものがたくさんあります。みんなも聞《き》いたことがあると思《おも》うけど、「オレオレ」ってかかってくる電話《でんわ》もそうなんだよ。たくさんの人《ひと》がだまされちゃってるんだね。

だから、まずはうたがってみることがだいじなんだ。うたがうのは悪《わる》いことじゃないんだよ。デカルトという昔《むかし》のえらい先生《せんせい》も「世《よ》の中《なか》のことは全部《ぜんぶ》うたがえ」といっています。

もちろん友《とも》だちや先生《せんせい》のことを「この人《ひと》、悪《わる》い人《ひと》かな?」とうたがう必要《ひつよう》はないんだけど、その人《ひと》のいっていることが「本当《ほんとう》なの?」とちゃんと自分《じぶん》でチェックするのは大切《たいせつ》だよ。

チェックする力《ちから》をつけるのが学問《がくもん》です。何《なに》も知《し》らなければ、チェックのしようがないけど、たくさんのことを知《し》っていれば、「あれ、これっておかしいかも」って気《き》づくことができるよね。

だます人《ひと》も悪《わる》いけど、だまされる人《ひと》も悪《わる》いんだって思《おも》っておこうね。

本《ほん》を毎日《まいにち》読《よ》んでるからだいじょうぶ

「たくさん本《ほん》を読《よ》んだだけじゃ、本当《ほんとう》の勉強《べんきょう》とはいえないんだよ。」

学問《がくもん》の要《かなめ》は活用《かつよう》にあるのみ。活用《かつよう》なき学問《がくもん》は無学《むがく》に等《ひと》し（第《だい》二編《へん》）

おかしいなぁ…
うまくいかないなぁ
くるま

本《ほん》を読《よ》むだけじゃなくて、行動《こうどう》しよう

本《ほん》を読《よ》めば勉強《べんきょう》したことになると思《おも》っている人《ひと》が多《おお》いんだけど、本《ほん》だけじゃダメなんだ。なぜかというと、本《ほん》だけじゃわからないことがあるからだよ。

たとえば車《くるま》の本《ほん》をいくらたくさん読《よ》んでも、車《くるま》の運転《うんてん》ができるようにはならないよね。本《ほん》を読《よ》んでから、じっさいにやってみて、はじめて本《ほん》に書《か》いてあることが役《やく》に立《た》つんだ。

諭吉先生《ゆきちせんせい》は、もっと世《よ》の中《なか》のことを知《し》って、どういうことが役《やく》に立《た》つのか研究《けんきゅう》しなさい、といっています。

でもだからといって本《ほん》を読《よ》まなくてもいいんだって受《う》け取《と》っちゃダメだよ。本《ほん》を読《よ》むのは大切《たいせつ》。当然《とうぜん》読《よ》むんだけど、それだけじゃ足《た》りないといっているんです。

本《ほん》はたくさん読《よ》もう。その上《うえ》で、じっさいの社会《しゃかい》を見《み》て、「これは本当《ほんとう》に役《やく》に立《た》つんだろうか」とチェックしてためしてみよう。

本《ほん》を読《よ》むだけじゃなく、行《こう》動《どう》しようね、というのが諭吉《ゆきち》先生《せんせい》がいう「学問《がくもん》」です。

勇気《ゆうき》がある人《ひと》になりたい！

「勇気《ゆうき》は本《ほん》を読《よ》むだけじゃ
生《う》まれないよ。
勉強《べんきょう》して、やり方《かた》を覚《おぼ》えて
そのやり方《かた》で
じっさいにやってみて、はじめて
勇気《ゆうき》があるヒーローになれるんだね。」

読書《どくしょ》は学問《がくもん》の術《じゅつ》なり、学問《がくもん》は事《こと》を
なすの術《じゅつ》なり。実地《じっち》に接《せっ》して事《こと》に
慣《な》るるにあらざれば、決《けっ》して勇力《ゆうりょく》
を生《しょう》ずべからず（第《だい》五編《へん》）

勇者《ゆうしゃ》になるには、行動《こうどう》しないとダメなんだよ

ヒーローは勇気《ゆうき》があるから、みんながあこがれるよね。自《じ》分《ぶん》も正義《せいぎ》の味方《みかた》になりたいと思《おも》う人《ひと》もいるかもしれない。でも勇気《ゆうき》がある人《ひと》になるには、じっさいに自分《じぶん》でいろんなことをやってみないとダメなんだ。

ヒーローの本《ほん》ばかり読《よ》んで、「こうなろう」と思《おも》ってもなれないよ。まずはちゃんと勉強《べんきょう》して、いろんな敵《てき》が出《で》てきたときにやっつけられる方法《ほうほう》を学《まな》んでおかなきゃいけません。

たとえば世界《せかい》のあちこちで、戦争《せんそう》やまずしさで苦《くる》しんでいる人《ひと》たちがいるよね。そういう人《ひと》を助《たす》ける人《ひと》になりたいと思《おも》ったら、戦争《せんそう》やまずしさの原因《げんいん》を知《し》らないとダメなんだ。勉強《べんきょう》して原因《げんいん》を知《し》った上《うえ》で、その原因《げんいん》をなくす行動《こうどう》をしないといけません。行動《こうどう》すると、思《おも》ってもみなかったことがおこります。そういうとき、それをのりこえようとがんばるから、勇気《ゆうき》が生《う》まれるんだ。勇気《ゆうき》をもって、困難《こんなん》と戦《たたか》う。そんなすがたを見《み》て、みんながすごいと思《おも》って、なかまになってくれます。

『学問《がくもん》のすすめ』ってどんな本《ほん》なの？

『学問《がくもん》のすすめ』は全部《ぜんぶ》で一七の章《しょう》にわかれています。最初《さいしょ》はこきょうの中津《なかつ》の友《とも》だちにあてて書《か》いたんだけど、中身《なかみ》がとてもすばらしいので、ふつうの人《ひと》にも読《よ》んでもらうべきだといわれて、次々《つぎつぎ》と章《しょう》を足《た》していったんです。最初《さいしょ》の「初編《しょへん》」は明治《めいじ》五年《ねん》に出版《しゅっぱん》され、その後明治《ごめいじ》九年《ねん》までに「一七編《へん》」が発行《はっこう》されました。

諭吉先生《ゆきちせんせい》は「小学生《しょうがくせい》でもわかるようにやさしく書《か》いた」といっていますが、いま読《よ》むとかなりむずかしいかもしれないね。

でも、この本《ほん》が大《だい》ベストセラーになるんだよ。当時《とうじ》の日本人《にほんじん》は外国《がいこく》の人《ひと》がびっくりするくらい、どんな人《ひと》でもたいてい字《じ》が読《よ》めたんだね。だから『学問《がくもん》のすすめ』は飛《と》ぶように売《う》れて、そのときの国民《こくみん》の一〇人《にん》に一人《ひとり》はこの本《ほん》を読《よ》んでいたんじゃないか、といわれています。いまでも売《う》れ続《つづ》けているんだから、すごい本《ほん》なんだね。

第《だい》3章《しょう》

自分《じぶん》のことだけ考《かんが》えてはダメ

自分《じぶん》のことだけ考《かんが》えていても、幸《しあわ》せにはなれないよ。まわりもみんなよくなって、はじめて自分《じぶん》もよくなれるんだ。

この章《しょう》ではみんなが社会《しゃかい》の中《なか》で生《い》きていくには、どんな気《き》もちでいたらいいか、生《い》き方《かた》について教《おし》えているよ。

大《おお》きい音《おと》で
音楽《おんがく》を
聞《き》きたい！

「自由《じゆう》とわがままの
ちがいは、
人《ひと》のじゃまをするか
しないかなんだよ。」

自由《じゆう》と我儘《わがまま》との界《さかい》は、他人《たにん》の妨《さまた》げを
なすとなさざるとの間《あいだ》にあり（初編《しょへん》）

人《ひと》の迷惑《めいわく》になることを、わがままというんだ

いまの日本《にほん》は自由《じゆう》な国《くに》です。でも自由《じゆう》だからといって、何《なに》をしてもいいというわけじゃないんだよ。たとえば電車《でんしゃ》の中《なか》でものすごく大《おお》きな音《おと》で音楽《おんがく》を聞《き》いたり、むしゃむしゃお菓《か》子《し》を食《た》べたりしたら、ほかの人《ひと》のじゃまになるよね。人《ひと》の迷《めい》惑《わく》になることをするのはわがままというんです。

じゃあ、迷惑《めいわく》にならなければいいだろうといって、自分《じぶん》のお金《かね》を自分《じぶん》ですき放題《ほうだい》につかうのはどうだろう。諭吉先生《ゆきちせんせい》はそれもわがままだといっています。

なぜかというと、その人がたくさんむだづかいすると、ほかの人《ひと》もまねをするかもしれないよね。わるい影響《えいきょう》をあたえるから、やっぱり人《ひと》の迷惑《めいわく》になる、と諭吉先生《ゆきちせんせい》はいうんだね。

自由《じゆう》とわがままはにているようだけど、全然《ぜんぜん》ちがうんです。人《ひと》に迷惑《めいわく》をかけないこと。人《ひと》にわるい影響《えいきょう》をあたえないこと。このふたつをまもった上《うえ》で、すきなことをするのが自由《じゆう》です。自分勝手《じぶんかって》にふるまうのはたんなるわがままだから、気《き》をつけようね。

いじめでたたかれたら、どうしたらいいの？

「暴力《ぼうりょく》に暴力《ぼうりょく》で返《かえ》しても、かいけつにはならないよ。」

敵討《かたきう》ちのよろしからざることも合点《がてん》すべし（第《だい》六編《へん》）

よくもやったなー——!!
たすけて——!!

暴力《ぼうりょく》ではなにもかいけつできないよ

諭《ゆ》吉先生《きちせんせい》の時代《じだい》には、かたきうちというものがありました。自分《じぶん》のなかまや身内《みうち》が殺《ころ》されたら、同《おな》じように相手《あいて》を殺《ころ》してもよかったんだね。暗殺《あんさつ》というのもあって、気《き》に入《い》らない人《ひと》がいると、勝手《かって》に殺《ころ》しちゃうということもあったんだ。

でもそういうことをしても何《なに》もかいけつしない、と諭《ゆ》吉先生《きちせんせい》はいっています。諭《ゆ》吉先生自身《きちせんせいじしん》、新《あたら》しいことをやっていたので、暗殺《あんさつ》されるきけんがあったそうです。暴力《ぼうりょく》にたいして暴力《ぼうりょく》で返《かえ》すと、相手《あいて》もまた仕返《しかえ》ししてくるので、暴力《ぼうりょく》がとまらなくなっちゃうんだ。

国《くに》と国《くに》の間《あいだ》でも同《おな》じだよ。むこうが攻撃《こうげき》してきたから、こっちも攻撃《こうげき》するんだ、とやっていると、戦争《せんそう》になってしまいます。テロも、いま世界中《せかいじゅう》でおきていますが、あのやり方《かた》では平和《へいわ》はおとずれません。

暴力《ぼうりょく》でいじめをしてくる人《ひと》がいたら、親《おや》や先生《せんせい》に話《はな》して、やめさせよう。それは、はずかしいことじゃない。暴力《ぼうりょく》をふるう人《ひと》がわるいんだから。

どうして税金《ぜいきん》をはらうの？

「税金《ぜいきん》はみんなのためにつかうお金《かね》なんだから、気《き》もちよくはらわなきゃいけないね。」

これを出《い》だして安《やす》きものを買《か》ふべき銭《ぜに》なれば、思案《しあん》にも及《およ》ばず、快《こころよ》く運上《うんじょう》を払《はら》ふべきなり（第《だい》七編《へん》）

みんなは税金《ぜいきん》のおかげで勉強《べんきょう》できるんだよ

みんなは買《か》い物《もの》をするとき、消費税《しょうひぜい》という税金《ぜいきん》をはらっています。一〇〇〇円《えん》のものを買《か》ったのに、一〇八〇円《えん》はらうときがあるよね。あのときの八〇円《えん》は消費税《しょうひぜい》なんだ。それ以《い》外《がい》にも税金《ぜいきん》にはいろいろな種類《しゅるい》があって、おとうさん、おかあさんも税金《ぜいきん》を国《くに》におさめています。

「税金《ぜいきん》なんてはらいたくない」という人《ひと》は、国民《こくみん》の役目《やくめ》をはたしていないんだね。なぜなら、税金《ぜいきん》は国民《こくみん》のためにつかわれるからなんです。

たとえば、みんなが勉強《べんきょう》している学校《がっこう》の建物《たてもの》も税金《ぜいきん》でたてられています。みんなを教《おし》えてくれる先生《せんせい》のお給料《きゅうりょう》も税金《ぜいきん》からはらわれているんだよ。だからみんなは学校《がっこう》や先生《せんせい》に、お金《かね》をはらっていないよね。学校《がっこう》で勉強《べんきょう》するのは、ただなんです。

それから道路《どうろ》をつくったり、橋《はし》をつくったりするのも税金《ぜいきん》です。国《くに》が税金《ぜいきん》をあつめてみんなのためにつかっているんだ。

だからみんなも税金《ぜいきん》をおさめてくださいといわれたら、気《き》もちよくはらおうね。

山《やま》や森《もり》を
まもってくれて、
ありがとう
ございます

自分《じぶん》のことを中心《ちゅうしん》にしちゃいけないの？

「自分《じぶん》の家《いえ》のことだけいっしょうけんめいまもろうとするのは、蟻《あり》の生《い》き方《かた》とかわらないんだよ。」

蟻《あり》の門人《もんじん》といふべきのみ（第《だい》九編《へん》）

自分《じぶん》の生活《せいかつ》だけ考《かんが》えているのは、せこいよね

自分《じぶん》の生活《せいかつ》はだいじだよね。でもみんなが、「自分《じぶん》だけくらしていければそれでいいんだ」と思《おも》っていると、世《よ》の中《なか》がだんだんしょぼくなってこないかな。

だって自分《じぶん》の生活《せいかつ》だけ考《かんが》えたら、宇宙《うちゅう》とか、月《つき》にいかなくたっていいわけだから、そういう研究《けんきゅう》をする人《ひと》もいなくなっちゃうし、世界《せかい》のどこかで苦《くる》しんでいる人《ひと》がいても、自分《じぶん》には関係《かんけい》ないからしらんふりする。世界《せかい》がよりよい方向《ほうこう》に進《すす》んでいくきっかけがなくなってしまうよね。

自分《じぶん》の生活《せいかつ》だけを考《かんが》えている、スケールが小《ちい》さい人《ひと》のことを、諭吉先生《ゆきちせんせい》は「蟻《あり》の弟子《でし》」といっています。みんなは蟻《あり》の弟子《でし》にならないで、もっと大《おお》きな夢《ゆめ》をもって、人《ひと》のために役《やく》立《だ》てる人間《にんげん》になってください。たとえば中学《ちゅうがく》や高校《こうこう》の先生《せんせい》たちは土曜日《どようび》や日曜日《にちようび》も部活《ぶかつ》のために出《で》てきてくれます。もし先生《せんせい》たちが自分《じぶん》の生活《せいかつ》だけを考《かんが》えたら、休《やす》みの日《ひ》まで出《で》てこなくてもいいんです。でも生《せい》徒《と》のために出《で》てくれる。そういう気《き》もちのある人《ひと》ががんばって、よりよい社会《しゃかい》がつくられていくんだね。

自分《じぶん》だけが幸《しあわ》せならそれでいいの？

「一人《ひとり》で
日本《にほん》という国《くに》を
せおって立《た》つ
くらいの気《き》もちで、
世《よ》の中《なか》に
つくそうよ。」

一人《ひとり》にてこの日本国《にほんこく》を維持《いじ》するの気力《きりょく》を養《やしな》ひ、もって世《よ》のために尽《つ》くさざるべからず（第《だい》十編《へん》）

働かないの？
いーの いーの

自分《じぶん》がヒーローになる! という人《ひと》があつまると最強《さいきょう》だよ

みんなは、おみこしって知《し》ってるよね。あれをかつぐとき、「だれかがかついでくれるだろう」とみんなが思《おも》って手《て》をはなしたら、おみこしはおっこちちゃうよね。でも「自分一人《じぶんひとり》でおみこしをかつぐんだ」という人《ひと》が一〇人《にん》あつまったら、どんなにおもいおみこしでもかるがるともち上《あ》げられるんです。

そんなふうに、全員《ぜんいん》が「自分一人《じぶんひとり》でこれをせおうんだ」と思《おも》っていたら、とてもつよいチームができあがります。サッカーでも「だれかおねがいー」みたいにぼーっとしてると、点《てん》を入《い》れられちゃうけど、「このチームは自分《じぶん》が勝《か》たせる」って思《おも》っている人《ひと》が一一人《にん》もいると想像《そうぞう》してみて。ぜったいつよいと思《おも》わない?

みんなは日本《にほん》という国《くに》で生《い》きています。この国《くに》の国民《こくみん》の一人一人《ひとりひとり》が「自分《じぶん》こそがこの国《くに》をせおって立《た》つ」と思《おも》っていたら、すごく強《つよ》い国《くに》になるよね。そういう国《くに》をめざそうと、諭吉先生《ゆきちせんせい》はいっているんだね。

テストになると、まちがえてしまう……

「人《ひと》には思《おも》いどおりに
できないことが
たくさんあるんだよ。
失敗《しっぱい》したと思《おも》ったときは
心《こころ》をおちつかせて、
自分《じぶん》をふりかえってみるといいよ。」

案外《あんがい》に愚《ぐ》を働《はたら》くもの多《おお》し。（略《りゃく》）自《みずか》らその身《み》を点検《てんけん》せざるの罪《つみ》なり（第《だい》一四編《へん》）

いやなことは、深呼吸《しんこきゅう》してわすれちゃおう

どんな人《ひと》でも必《かなら》ず失敗《しっぱい》はあるんです。そういうとき、いつまでもくよくよしていると、心《こころ》がおもくなっちゃうよね。だから大《おお》そうじをするときみたいに、いやなことや失敗《しっぱい》したことは、さっさとすてて、心《こころ》の中《なか》をスッキリ整理《せいり》するといいんです。

そしていま必要《ひつよう》なものだけを心《こころ》の中《なか》に用意《ようい》しておいて、いらないものをすてちゃうんです。部屋《へや》の整理《せいり》整《せい》とんと同《おな》じだね。心《こころ》の中《なか》も部屋《へや》の中《なか》と同《おな》じように整理《せいり》されているほうが幸《しあわ》せなんだ。

なかなかわすれられないときは、深呼吸《しんこきゅう》するといいよ。まずは鼻《はな》からゆっくり息《いき》をすって、一〇秒《びょう》かけてゆっくり口《くち》からはいてみよう。息《いき》をはきながら、いやなことが「ぬけてく、ぬけてく」と思《おも》っていると、気《き》もちが楽《らく》になります。

それから、おふろに入《はい》ってからだをあたたかくしたり、お笑《わら》い番組《ばんぐみ》を見《み》て思《おも》い切《き》り笑《わら》ったりするのもいいよね。いろんないやなことがあっても、「まあ、いいか」と思《おも》えるようになったら、かなり心《こころ》が整理《せいり》されたしょうこです。

『学問《がくもん》のすすめ』には、どんなことが書《か》かれているの？

この本《ほん》には、おさむらいの社会《しゃかい》から大《おお》きくかわろうとしている日本《にほん》という国《くに》をどうやってつくっていくのか、ということが書《か》かれています。といってもむずかしいことは書《か》いていないよ。

国《くに》は国民《こくみん》にたいしてどういう責任《せきにん》があるのかとか、ぼくたちは国《くに》にたいして何《なに》をしなくちゃいけないか、ということをやさしく書《か》いています。大切《たいせつ》なのは「独立《どくりつ》」することだと諭吉先生《ゆきちせんせい》はいいます。日本人《にほんじん》はこの「独立《どくりつ》」をまもってきたから、いまのようにゆたかで平和《へいわ》な国《くに》がきずけたんだ。

それからぼくたち一人一人《ひとりひとり》がどうやって幸《しあわ》せに生《い》きていくかについても書《か》いてあります。学問《がくもん》をすれば、自分《じぶん》の考《かんが》えがしっかりできるから、独立《どくりつ》した幸《しあわ》せな生《い》き方《かた》ができます。諭吉先生《ゆきちせんせい》は、すべての人《ひと》が学《まな》ぶことで、幸《しあわ》せな人生《じんせい》をおくれるよう、日本人《にほんじん》をみちびいた人《ひと》なんだね。

第《だい》4章《しょう》

いろんな人《ひと》とつきあおう

人《ひと》となかよくなればなるほど、楽《たの》しいことがいっぱいあるよ。だからいつも明《あか》るくして、人《ひと》にすかれる人間《にんげん》になろうね。

この章《しょう》ではどうやったら人《ひと》となかよくなれるのか、なかよくなったらどんないいことがあるのかが学《まな》べるよ。

人《ひと》と話《はな》すときは、にこにこするの？

「心《こころ》の中《なか》では
深《ふか》く考《かんが》えて、
人《ひと》と話《はな》すときは
ぱあっと明《あか》るく
元気《げんき》にしようね。」

私《わたし》に沈深《ちんしん》なるは淵《ふち》のごとく、人《ひと》に接《せっ》して
活発《かっぱつ》なるは飛鳥《ひちょう》のごとく（第《だい》二編《へん》）

深《ふか》く考《かんが》えて明《あか》るく話《はな》す。両方《りょうほう》とも必要《ひつよう》だよ

　みんなのまわりには、スラスラ調子《ちょうし》よく話《はな》すんだけど、ものごとを深《ふか》く考《かんが》えていない人《ひと》っていないかな。ぎゃくに、心《こころ》の中《なか》ではすごく深《ふか》く考《かんが》えているんだけど、それを全然話《ぜんぜんはな》さない人《ひと》もいるかもしれないね。どっちもこまったものだ、と諭《ゆ》吉先生《きちせんせい》はいっています。心《こころ》の中《なか》でちゃんと深《ふか》く考《かんが》えて、人《ひと》にもその考《かんが》えを明《あか》るく元気《げんき》に話《はな》す。その両方《りょうほう》が必要《ひつよう》なんです。

　みんなもちょっと想像《そうぞう》してみて。「あの子《こ》、おしゃべりだけど、いってることは全然《ぜんぜん》つまらないよね」って思《おも》われてもいやだし、「いろいろ考《かんが》えていそうだけど、全然《ぜんぜん》しゃべらないから、暗《くら》いよね」と思《おも》われるのもいやな感《かん》じがしないかな。

　たとえばピアノの発表会《はっぴょうかい》で、全然練習《ぜんぜんれんしゅう》してないのに、どうどうと出《で》てきちゃうのも、どうかなあと思《おも》うし、練習《れんしゅう》ばっかりしてるけど、発表会《はっぴょうかい》には出《で》ないというのも、ちょっと問題《もんだい》があるよね。

　だからちゃんとじゅんびして、よく考《かんが》えたことを、外《そと》にも発表《はっぴょう》することが大切《たいせつ》なんです。

ねているんじゃなくて、考《かんが》えてるんです

あの子《こ》は足《あし》が細《ほそ》くていいなあ

およそ人間《にんげん》に不徳《ふとく》の箇条《かじょう》多《おお》しといへども、その交際《こうさい》に害《がい》あるものは怨望《えんぼう》より大《だい》なるはなし（第《だい》一三編《へん》）

「人《ひと》をうらやむのがいちばんよくないよ。」

人《ひと》をうらやんでも、なんのいいこともないよ

みんなも、人《ひと》のことをうらやましいと思《おも》うことがあるよね。「あんなにお金《かね》もちの家《いえ》で、何《なん》でも買《か》ってもらえてうらやましいな」とか「あの子《こ》、かっこいい顔《かお》してて、みんながちやほやするからいいなあ」とか「足《あし》が細《ほそ》くて、スタイルいいな」とか。

でも人《ひと》をうらやましがっているだけじゃ、何《なに》も前《まえ》に進《すす》まないんだよ。いちばんいけないのは、「あんなのたいしたことないよ」とか「あの子《こ》はインチキ」「えこひいきされてるだけ」とわる口《ぐち》をいうこと。そういうのって、ちょっとかっこわるいんだ。

いいたくなっちゃうこともあるけど、そういうときは「まあ、人《ひと》は人《ひと》。自分《じぶん》は自分《じぶん》だから」と思《おも》って、心《こころ》をおちつかせようね。

うらやましくなったとき、いちばんいい方法《ほうほう》はその人《ひと》をほめちゃうことなんだ。「きみはすごい。イケメンだよ。イケメン。せも高《たか》いし、頭《あたま》もいいし、すごいよね」と思《おも》い切《き》りほめていると、かえって気《き》もちが楽《らく》になります。

それくらいさっぱりして、明《あか》るく生《い》きたほうが楽《たの》しいよ。

オオワシさんは、かっこいいです!

ハンバーガー、最高《さいこう》！

「日《に》本《ほん》の料理《りょうり》も
蒲《かば》焼《やき》とか茶《ちゃ》碗《わん》蒸《む》しとか
世《せ》界《かい》一おいしいと
いわれてもおかしくないよ。
日《に》本《ほん》と外《がい》国《こく》、
それぞれのよさがあるんだ。」

鰻《うなぎ》の蒲《かば》焼《や》き、茶《ちゃ》碗《わん》蒸《む》し等《など》に至《いた》りては、世《せ》界《かい》第《だい》一美《び》味《み》の飛《と》び切《き》りとて評判《ひょうばん》を得《う》ることとなるべし（第《だい》一五編《へん》）

それぞれのよさを認《みと》めようね

ハンバーガーが大《だい》すきな人《ひと》いるよね。中華料理《ちゅうかりょうり》やフランス料理《りょうり》もおいしいよね。でも日本《にほん》の料理《りょうり》にもおいしいものがたくさんあるんだよ。諭吉先生《ゆきちせんせい》はうなぎの蒲焼《かばやき》や茶碗蒸《ちゃわんむ》しが世《せ》界《かい》一おいしいといっています。

なぜそんなふうにいったのかというと、日本人《にほんじん》の間《あいだ》で「外《がい》国《こく》のもののほうがすぐれているんだ」という考《かんが》えが多《おお》くなっていったからなんだね。

でもそれぞれの国《くに》にはそれぞれの文化《ぶんか》があって、すばらしいものがあります。たとえば日本《にほん》ではくつをぬいで生活《せいかつ》するけど、ぬがない国《くに》もあります。どっちが正《ただ》しいというのじゃなくて、それぞれのやり方《かた》のよさがあるんです。

日本《にほん》にも日本《にほん》のよさがあるんだから、自信《じしん》をもって生《い》きていこう、と諭吉先生《ゆきちせんせい》はいっています。みんなが外国《がいこく》に行《い》ったときも、その国《くに》のよさを認《みと》めて、よその国《くに》の人《ひと》たちを「日本《にほん》とちがうからへんだ」とか「まちがってる」と思《おも》わないようにしようね。

友《とも》だちとの約束《やくそく》はだいじ？

「人《ひと》から
信用《しんよう》されることは
とても
だいじなこと
なんだよ。」

> 人望《じんぼう》を得《う》るの大切《たいせつ》なること、もって
> 知《し》るべし（第《だい》一七編《へん》）

ボクのこと食べない？
うん食べないよ

人《ひと》に信用《しんよう》されないと、何《なに》もできなくなっちゃうよ

「信用《しんよう》」っていうことば、聞《き》いたことがあるよね。人《ひと》から信《しん》じてもらうこと。あの人《ひと》ならだいじょうぶと思《おも》ってもらえることが「信用《しんよう》」なんだ。「信用《しんよう》」は目《め》に見《み》えないけれど、世《よ》の中《なか》はこの「信用《しんよう》」でなりたっているんだよ。

たとえば、みんなは大人《おとな》がクレジットカードで買《か》い物《もの》をするところを見《み》たことがあるよね。あれは「いまはお金《かね》がなくても、あとではらいます」という約束《やくそく》を、カードでしていることなんだよ。信用《しんよう》がなければ、あのカードはつかわせてもらえません。

それから、会社《かいしゃ》の間《あいだ》でもお金《かね》のかわりに「手形《てがた》」というものをつかって取引《とりひき》をしています。「信用《しんよう》」は、必《かなら》ず約束《やくそく》をまもるということでなりたっています。だから、信用《しんよう》されるためには約束《やくそく》をやぶっちゃいけないんだ。

日本《にほん》では昔《むかし》から「武士《ぶし》に二言《ごん》なし」といって、必《かなら》ず約束《やくそく》をまもる文化《ぶんか》がありました。みんなも約束《やくそく》をちゃんとまもって、信用《しんよう》される人間《にんげん》になってくださいね。

自分《じぶん》にいいところ、あるかなあ？

「自分《じぶん》のいいところをちゃんと人《ひと》に知《し》ってもらうようにしよう。」

栄誉人望《えいよじんぼう》はこれを求《もと》むべきものか、いはく、しかり、勉《つと》めてこれを求《もと》めざるべからず（第《だい》一七編《へん》）

自分《じぶん》のいいところは、どんどんいおう!

自分《じぶん》にいいところがあっても、ちゃんと説明《せつめい》しないと、わからないんだよ。これはじまんするということじゃなくて、自分《じぶん》の本当《ほんとう》の力《ちから》は、ちゃんと人《ひと》に知《し》ってもらう必要《ひつよう》があるということなんだ。日本《にほん》では何《なん》となく、いわないでもわかってもらえるかも、と思《おも》う人《ひと》が多《おお》いんだけど、これからの社会《しゃかい》では何《なに》もいわないと、何《なに》もできない人《ひと》にみられてしまうんだ。

だから自分《じぶん》のことは、ちゃんとことばにして伝《つた》えないといけません。そのとき大切《たいせつ》なのは、いろいろなことばを知《し》っていることです。たとえば自分《じぶん》がいいなと思《おも》っていることを伝《つた》えたいときに、「なんか、マジ、これカワイイ。ヤバイんだけど」といっても、何《なに》がどういいのか相手《あいて》にわかりません。「マジ」「カワイイ」「ヤバイ」だけだとみんな同《おな》じになっちゃいます。

だからいろいろなことばをつかってじょうずに説明《せつめい》できることが大切《たいせつ》だね。これを「語《ご》い力《りょく》」というんだよ。ことばの数《かず》が多《おお》いと、自分《じぶん》のことをじょうずに説明《せつめい》できるよ。

元気《げんき》がでないときもあるけど

顔《がん》色《しょく》容《よう》貌《ぼう》を快《こころよ》くして、一見《いっけん》、直《ただ》ちに人《ひと》に厭《いと》わるることなきを要《よう》す（第《だい》一七編《へん》）

「見《み》た目《め》や感《かん》じをよくして人《ひと》にいやな印《いん》象《しょう》をあたえないようにしようね。」

にこにこして明《あか》るいと、人《ひと》がよってくるよ

諭吉先生《ゆきちせんせい》はとても明《あか》るくて、さわやかな性格《せいかく》の人《ひと》でした。「からりと晴《は》れた日《ひ》のように快活《かいかつ》であれ」といっているんだね。そのためにはいつもにこにこしておくといいんだ。表情《ひょうじょう》が明《あか》るいほうが人《ひと》がよってきます。

たしかにそうだよね。暗《くら》い人《ひと》といっしょにいると、こちらまで暗《くら》い気《き》もちになっちゃいます。性格《せいかく》がおとなしいとか、深《ふか》くものを考《かんが》えるのは全然《ぜんぜん》かまわないんだけど、人《ひと》と話《はな》すときは明《あか》るい顔《かお》で話《はな》そうよ、ということなんだ。

たとえていうと、みんなも外《そと》に出《で》るときははだかじゃなくて、服《ふく》をきるよね。それと同《おな》じで、人《ひと》とあうときは「明《あか》るい顔《かお》」の服《ふく》をきる感《かん》じかな。

何《なに》かもらったら、明《あか》るい顔《かお》で「ありがとうございます」といい、人《ひと》にぶつかったときは「ごめんなさい」と明《あか》るくサッという。そうすると「とても感《かん》じがいい子《こ》だね」と思《おも》われて、みんなからすかれます。感《かん》じがいい人《ひと》は、生《い》きていて得《とく》なことがいっぱいあるよ。みんなも、鏡《かがみ》の前《まえ》で明《あか》るい顔《かお》の練《れん》習《しゅう》をしてみようね。

いつでも、
肩《かた》に
とまりますよ

クラスに、合《あ》わない人《ひと》がいる

「同《おな》じ人間《にんげん》なんだから人《ひと》のことをきらっちゃいけないよ。」

人《ひと》にして人《ひと》を毛嫌《けぎら》ひするなかれ（第《だい》一七編《へん》）

クラスがえのたびに、新《あたら》しい友《とも》だちをつくろう

みんなは犬《いぬ》やねこじゃなくて、人間《にんげん》なんです。せっかく人《にん》間《げん》に生《う》まれたんだから、そんなに人間《にんげん》のことをきらわないで、新《あたら》しい友《とも》だちをふやしてみたらいいんじゃない、と諭吉先生《ゆきちせんせい》はいいます。

クラスがかわると、せっかくなかよくなった友《とも》だちとわかれちゃうのがかなしいよね。でもがっかりしなくていいんだよ。だって新《あたら》しいクラスでまた友《とも》だちができるじゃない。

六年間《ねんかん》いたら、それぞれのクラスになかがいい子《こ》ができるんだ。卒業《そつぎょう》するころには、たくさんのお友《とも》だちができているよね。新《あたら》しい友《とも》だちはたくさんいるほうがいいんだよ。だって一〇人友《にんとも》だちがいて、そのうち一人《ひとり》が親友《しんゆう》になるとしたら、一〇〇人友《にんとも》だちがいれば親友《しんゆう》は一〇人《にん》できるかもしれないよね。大学生《だいがくせい》の中《なか》には授業《じゅぎょう》ごとに友《とも》だちをふやしている人《ひと》がいて、そうすると卒業《そつぎょう》してからも、いろんな友《とも》だちがいて楽《たの》しいんだって。

「交際《こうさい》はばひろくね」。

これが福澤諭吉先生《ふくざわゆきちせんせい》の『学問《がくもん》のすすめ』の最後《さいご》のメッセージです。

おわりに

みなさんは福澤諭吉先生《ふくざわゆきちせんせい》のことをあまり知《し》らないと思《おも》っていますが、実《じつ》はよく見《み》ているんだよ。一万円札《まんえんさつ》って見《み》たことがあるかな。あそこに印刷《いんさつ》されているのが諭吉先生《ゆきちせんせい》の顔《かお》です。「なあんだ、この人《ひと》だったんだ」としたしみがもてる気《き》がしてきたよね。

それだけじゃないんだ。みんなは慶應大学《けいおうだいがく》って知《し》ってますか。諭吉《ゆきち》先生《せんせい》はこの学校《がっこう》をつくった人《ひと》でもあるんです。そのころの学校《がっこう》は卒業《そつぎょう》すると、学者《がくしゃ》や役人《やくにん》になる人《ひと》が多《おお》かったんだ。だけど、諭吉先生《ゆきちせんせい》はじっさいの社会《しゃかい》でかつやくしてくれる人《ひと》をそだてたいと思《おも》ったんです。

慶應大学《けいおうだいがく》からはたくさんの卒業生《そつぎょうせい》が社会《しゃかい》に出《で》て、会社《かいしゃ》をつくったり、商売《しょうばい》を大《おお》きくしたりしました。慶應大学《けいおうだいがく》は諭吉先生《ゆきちせんせい》の教《おし》えをまもって、ずっと大切《たいせつ》にしているんだよ。

こんなふうに諭吉先生《ゆきちせんせい》はいまでもみぢかな存在《そんざい》として、日本人《にほんじん》に影響《えいきょう》をあたえつづけています。

諭吉先生《ゆきちせんせい》がめざしたのは、まずは一人一人《ひとりひとり》が勉強《べんきょう》してちゃんとした人間《にんげん》になる、ということです。それを「独立《どくりつ》」というんだね。

そうすれば、日本《にほん》も世界《せかい》の中《なか》でいろいろな国《くに》と対等《たいとう》につきあっていけるし、みんなも自分《じぶん》の人生《じんせい》を、人《ひと》に左右《さゆう》されないで歩《あゆ》んでいくことができます。

これから一万円札《まんえんさつ》を見《み》たときは、諭吉先生《ゆきちせんせい》の教《おし》えを思《おも》い出《だ》して、いっしょうけんめい勉強《べんきょう》しよう。この本《ほん》を読《よ》んで、みんなが「独立《どくりつ》」した人《ひと》にそだってくれることをねがっています。

齋藤《さいとう》　孝《たかし》

著者紹介
齋藤 孝（さいとう・たかし）
1960年静岡県生まれ。東京大学法学部卒。同大学院教育学研究科博士課程を経て、現在明治大学文学部教授。専門は教育学、身体論、コミュニケーション技法。『声に出して読みたい日本語』（草思社）がシリーズ260万部のベストセラーに。NHK Eテレ「にほんごであそぼ」総合指導。『こども「学問のすすめ」』『おとな「学問のすすめ」』（共に、筑摩書房）、『現代語訳 学問のすすめ』（ちくま新書）、『13歳からの「学問のすすめ」』（ちくまプリマー新書）、『こども孫子の兵法』（日本図書センター）、『超訳 こども「アドラーの言葉」』（KADOKAWA）等多数。

勉強《べんきょう》する意味《いみ》がわかる! こども学問《がくもん》のすすめ

2019年3月25日　初版 第1刷発行

著者　齋藤 孝
発行者　喜入 冬子
発行所　株式会社 筑摩書房
東京都台東区蔵前2-5-3 〒111-8755
電話番号 03-5687-2601（代表）
装丁　中村道高（tetome）
イラスト　寺山武士
編集協力　辻由美子
印刷・製本　凸版印刷株式会社

ISBN978-4-480-88098-7 C0037